JN098738

IKKO 著

1ミリの優しさ

IKKOの前を向いて生きる言葉

大和書房

1ミリの優しさ

IKKOの前を向いて生きる言葉

IKKO 著

ご挨拶

ここ2年で時代の流れが大きく変わり、
今人々に求められているのは「優しさ」ではないかと思うようになりました。

1ミリでも相手に寄り添い、
1ミリでも愛を注ぐこと。
それが益々大切だと感じるのです。

そんな時代の中で、
この本では歳を重ねて60歳になる私が、
何も知らなかった19歳の住み込み時代の感覚に戻りながら、
「これまでの人生で、大切だった経験や想いはなんだろう」と今一度考え、
重い意味合いを、柔らかくシンプルにお伝えしています。
今回、本のお話をいただいた一人の担当者の若い感性をできる限り取り入れつつ、

気を張らずに見ていただけるように1つの考えを見開き2ページに落とし込んでいます。
「メッセージ」とその「意味合い」と「イラスト」の3つで構成し、
ゆったりと読んでいただけるようになっております。

私なりの「1ミリの優しさ」を込めて、3段階で表現させていただきました。

手に取っていただいた方の心に対して、
どこか1つでも、じんわりと響いてもらえたら嬉しいなと思います。

苦しいときや立ち止まってしまったときに、
気軽に読んでいただき、一滴の「心のお守り」になれば幸いです。

愛を込めて　IKKO

1ミリの優しさ

CONTENTS

第1章 前を向いて生きていくための言葉

第2章

人付き合いをラクにするための言葉

第3章

信頼できる人になっていくための言葉

第4章

歳を重ねるほど美しく生きていくための言葉

第1章

前を向いて生きていくための言葉

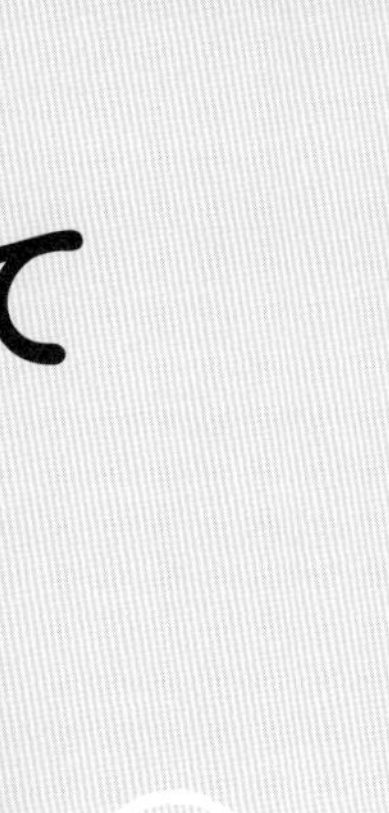

自信がないときは大丈夫、大丈夫

過剰な自信は狂気に変わる

人はみな、人生の中で、いつも自信があるとは限りません。

むしろ、自信がないときのほうが多いのかもしれませんね。

そうやって、自信のないときと、あるときを両方持ちえるのが人生だと感じます。

ただ私は、自信がないときこそ「自分の中で大切な宝」になることがあると思うのです。

なぜなら、人に対して素直に心を尽くしていこうという思いが芽生え、
自信のないときの方が人から愛されることもあるからです。

逆に自信がありすぎると、何でも自分の思い通りになるという驕《おご》りも出てきます。

それはまさに、狂気に近い人生の始まり。

その真逆の2つを感じたからこそ、自信がないときは「大丈夫、大丈夫」と
ささやきながら、足りないものは自分の「真心」で補っていく。

自信がありすぎるときは私の想いの肘が誰かに当たっているかもしれない、
といつも言い聞かせているのです。

自信のない時間は、見直しの時間だから。

大丈夫、大丈夫。

1歩
踏み出す
勇気

あるタンゴ歌手の方から学んだ人生で大切なこと

30代の経営者時代、教育することの難しさに随分悩みました。自分のプライドが邪魔をして部下や弟子にしっかりと教えられなかったのです。経営者として向いていないのではと感じていた中、人生が一変する出来事がありました。転機は38歳。あるタンゴ歌手の方のメイクをしていたときです。

その方はコンサート会場に車椅子で来られていました。脚を怪我して立ち上がるのも辛いのに2時間半の公演をしなければいけない状況でした。まもなくして開演すると、車椅子から降りてステージに立ち、15センチものヒールを履いて何事もないかのようにタンゴを唄ったのです。幕が下りた瞬間、膝から崩れ落ちて車椅子に乗り、会場を後にしました。

その姿を見て、本当の「プロフェッショナル」とはこのことかと感じたのです。私よりもっと大変な人が、自分の選んだ道をプロとして全うする姿を見て心が震えました。私の悩みなんてたいしたものではなかった。

カッコつけずに部下や弟子に、恥ずかしいこともさらけ出していいんじゃないか。踏み出す勇気を失っていたんじゃないか。と気づきました。それからは変なプライドは捨て、「口紅を1ミリでも綺麗に引ければいい」という姿勢だけを弟子たちに見せるようにしたの。そうして仕事への情熱がもう一度芽生え始めたのです。この勇気に感謝。

悩んでも
悩まなくても
時は
過ぎていく、
だから
悩まない

悩む時間はエネルギーを消耗してしまう

私自身、若い頃は悩み事にたくさんの時間を費やしていました。
でも「どうしよう、どうしよう」と頭の中に溜めていても、
ただ時間が過ぎていき、エネルギーを消耗してしまうだけだと気づいたのです。
だから、「今できることはなんだろう」と考えていくことが重要ね。
起きてしまったことを悩むのは時間の無駄でも、
これからできることを考える時間は無駄じゃない。
1日1ミリでも前に進めば大丈夫。
少し後ろに下がっても、また1ミリ前に進めばいいの。
ほんの少しずつであっても時間が経てば前に進んでいるものだから、
この悩みに関して自分は何ができるだろうと、解決させていきましょう。
長い人生だから、焦らない、焦らない。
ただし、迷惑をかけた方のことはしっかり考えるように。

自分自身を愛することの大切さ

一滴の愛を自分自身に

自分がどんなに変化しようとも、
自分自身に対して一番のファンであることが、何よりも大切だと思います。
体だって、手間をかけたところが必ず応えてくれるものよ。
どんなに自分が太っていても、見放さなかった場所は確実に綺麗になっていく。
でも、「もういいや」と投げ出したところは、時間が経つにつれて、
ひどい結果になってしまいます。
だから、毎日毎日、お花にお水をあげるように自分を愛して。
手間暇かけて愛したものは形がどうあれ美しく見えるものだから。
日々、一滴の愛を、自分自身に。

ゆっくり
ぼーっとする
時間も必要

パニック障害になり、大事だったこと

私が40代になり、パニック障害になってから、
大切だった心がけは、「大丈夫、大丈夫」という気持ちを持つこと。

そして体を楽にさせ、ぼーっとする時間を毎日少しでも作ること。この2つでした。

パニック障害は、極度の緊張やストレス・不安などを抱えたときに起こります。

私がパニック障害になって助けられたのは、「大丈夫、大丈夫」という言葉。

ある人に「大丈夫、大丈夫。一生懸命生きた勲章よ」と言われたときに、
私は気持ちが少し楽になったような気がしました。

1ミリ進んで少し下がってまた進んで、この繰り返しで少しずつ良くなっていけばいい。

また、人それぞれの症状は違うと思うけど、しんどいときは、

「ゆっくりゆっくり、ぼーっとしながら、だらしない生活を送りなさい」

と、休息を与えられたと思って、無理せず楽に生きましょう。

胸のあたりが穏やかになる瞬間が来ると思うから、焦らない焦らない。

それと、空気の綺麗なところでウォーキングを行うこともおすすめです。

呼吸をゆっくりゆっくり保ちながら、少し体を動かすことも心がけて。

大丈夫、大丈夫。

オドオドしたと
思ったら、
スイッチング
スイッチング

人に付け込まれる前にしておくこと

みんな一度や二度は経験があると思いますが、
自信がないときや不安なときはオドオドしてしまうものですね。
私もそういうときがありました。
でもそうすると不安が表面化して、人に付け込まれることもあります。
だから私はあるとき、頭の中で「別人」へとスイッチングするようにしました。
自分が理想とする自信に満ちた人を頭の中で一人作っておいて、
オドオドしそうなときは、その人になりきっていく瞬間を持つようにする。
背筋を伸ばして。
声を張って。
笑顔でいること。
スイッチング、スイッチング。

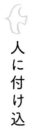

涙は体の一部、
一滴も
無駄にしない

「苦しみから出る涙」は流しすぎない

嬉しい涙や感動した涙は、たくさん流してもいい。
そういう「良いこと」によって生まれた涙は、心の栄養になります。
だけど、苦しみから出る涙というのはなるべく流しすぎないほうがいいと思うの。
私が、30歳で独立した頃は何もかもが自分の責任になって、毎日泣いてばかりいた。
でも苦しみの涙を人前で流しすぎてしまうと、
人がどんどん遠ざかっていき、泣いたところで解決することは何もなかったわ。
だから、涙は体の一部。一滴も無駄にしない。
そう考えるようにしました。
苦しみの涙に使うエネルギーは、
「これからどう進もうか」と明るい未来へ向けて使おうと決めたのです。
泣いても始まらないから、それよりは一回現状を受け止めて、
どうしていくかを考えるほうが、良い結果を生むのではないかと思います。
涙は体の一部だから、大切に。

孤独はプラスにプラスに

一人の時間は「好き」と向き合えるチャンス

私は幼少期から19歳まで、殻に閉じこもっていたときがあります。
そして今でも、仕事以外では最低限の人にしか会わない生活で、
孤独な時間はたくさんありますが、不思議と「寂しい」という気持ちにはなりません。
孤独には悪いイメージが浮かぶかもしれません。
でも、もしも誰かと一緒にいて無理に合わせないといけないのなら、
むしろ自分の好きなことをする時間がとれるほうが心地よいと感じます。
今はいろんなモノやコンテンツが溢れているから、
孤独に陥っても自分の楽しみ方をチョイスできる時代ですね。
だから孤独を感じたときは、
自分の趣味に対してコミュニケーションを図っていけると前向きに考えればいい。
私には見たい動画が山ほどあるの。
移動先にタブレットを忘れたときには、待ち時間の過ごし方に困るほどにね。
孤独は決して悪いものじゃなくて、むしろ自分の「好き」と向き合えるチャンスの時間。
孤独な時間も愛しましょう。

「独りよがり」のプラス思考はダメ

超プラス思考からの変革

皆さまからよく「IKKOさん、超プフス思考ですね」と言われることがあります。

確かに40代ごろまでは、何でもかんでも前向きに捉えていました。

でも、50代に入ってからは、前向きだけでは進めないこともあるなと気づいたの。

プラス思考で考える前に、今置かれている現状を一度受け止めてから、

「だからどうすればいいんだろう」と考える。

いきなりの肯定ではなくて、意味を把握した上で、
今やらなければいけないことを考えていくことがとても大切だとわかったのです。

プラス思考は素晴らしいけど、独りよがりになっていくと、
やがて成長を妨げていくということがようやくわかってきました。

いつでもプラスに、いつも前向きに、というのはとてもエゴイスティックなこと。

悪いことまで正当化して、「いいよ、いいよ」っていうのは、ただの独りよがり。

人生には全て意味があって、相手は何を求めているのか、この食い違いは何なのかを学び、
それを受け止めた上で前向きに表現していくことが大事なのだと思うようになったわ。

それ以来、私の人生の幅も広がっていったのです。

「歯を食いしばる」はさようなら

頑張っている姿よりも自然体の姿を見せているほうがいい時代

世の中変わったなと思います。
昔は、「歯を食いしばってでも頑張れ」と言われた時代。
石にかじりついてでも、頑張らなきゃいけないことがとても多かったですね。
でも今は、頑張っている姿を見せている人よりも、
自然体を見せている人のほうが、スッと受け入れられると思うのです。
楽しそうに自然体でやっている人たちが特に支持されているから、
今は「根性論」を若い人に言っても仕方ない。
もし裏で努力をしていたとしても、
表向きはカジュアルに見せないと生き残れない時代になっているなと感じます。
今の時代にあえて「歯を食いしばる」という言葉を使うとするならば、
「逆境の時代が来ても、自分なりの方法論を探して乗り越える」ということかしら。
私は根性、根性の時代より、今の時代が好き。
昔の価値観は捨てて、いつまでも若い感覚を持ち続けていたいですね。

人生は毎日、一幕のお芝居

やりきれないときは、「自分だまし」をしていくこと

苦しいときに「苦しい」と思ったら、ずっと苦しいまま。
辛いときに「辛そうな顔」をしていると、心は沈んだまま。
人生は毎日、一幕。
人生なんて、お芝居のように生きればいいの。
苦しいときにこそ「自分だまし」が重要よ。
辛いことをまともに受けていたらやっていけないことって、たくさんあるのよね。
正しく、綺麗に、思い通りに、なんて進まないことのほうが多いから。
だから苦しい出来事は、次の楽しい一幕への布石だと思うこと。
壁の前で立ち止まっていたら、前に進めないから。
一つずつ、次のシーンへと進むために、
苦手な壁は主人公になった気分で立ち向かっていくことも大事よ。
ハードルの高いところほど、自分を成長させてくれる。
苦しい経験があるからこそ、人生という物語に深みが出てくるのです。
年月を重ねるほどに、そう実感しています。

笑門来福《しょうもんらいふく》へのスイッチング

笑顔は全てを変える

「いつも明るいですね」とよく言われる私ですが、私生活でも全て明るいかというと、そんなこともなく、どちらかというと根暗なほうではないかと思っています。

なぜなら、長く経営者を続けていたため、
日々、人間関係の複雑さに頭を悩ませてきたからです。

当時、お付き合いをしている彼からよく言われたのは、

「今年も笑顔が少なかったね」という言葉でした。

だから笑えないほど苦しいときは、

「笑門来福」という文字を思い出したり書にしたためたりして大切にしてきたの。

自分が笑顔を作れない代わりに、神様がこの字に錯覚して福を持ってきてくれるのだと。

その意識があるだけで、
一日一回は笑顔でいることから始まり、笑顔の回数も増えていったのです。

本当に「笑門来福」は私の全てを変えてくれた大切な宝。

苦しくなったら、笑門来福へのスイッチング。

間違っては
いけない、
失敗しては
いけないは
ダメダメ

失敗を想えば想うほど上手くいかなくなる

20代の頃、フリーでヘアメイクをやっていたとき大失敗をして、
お客様から気に入ってもらえずに、凍る思いをしました。
それがトラウマで「失敗してはいけない」ということが頭から離れなくなったのです。
それから2年が経ち、事務所に入ってからもしばらくは、トラウマが続いていました。
「また失敗する」という不安が続いているうちはダメだと感じ、
イメージトレーニングを取り入れるようにしました。
「大丈夫。上手くできる。私は上手、上手」と思い込むことを続けるうちに、
トラウマが消えていったのです。
失敗したことを頭に思い浮かべると悪い結果になってしまうから、
上手くいくことをイメージトレーニングしようと決めました。
プラスのイメトレ、イメトレ。

リスペクトは早道

理想像のシミュレーション

どれくらい努力することができるかよりも大事なのは、
理想像のシミュレーションをどれくらいできるかということだと私は思っています。
もし自分の中でリスペクトしている人がいるようであれば、
まずはその人の真似をすることから始めてみましょう。
外見、所作、言葉遣いなど、
雰囲気を少しずつ近づけていけばいいと思うの。
真似の中から、ちょっとずつ自分流に変えていく。
リスペクトとは、自分の理想形を体現するものだから。
尊敬する大好きな人へのリスペクトこそが全てにおける早道だと感じています。

カミングアウトはタイミング

想いの突っ走りは危険

「人生を変えたい」と思ったとき、
同じ環境の中で変わろうとしても、相当心が強くないと難しいことが多いです。
なぜなら、もともとの自分を周りの人が知っているから。
だから、変わりたいと思ったときはタイミングが重要だと思うの。
例えば、勤務先が変わったり学校が変わったときは、
あなたのことを知っている人が誰もいないから、
一つの変化がカミングアウトのタイミングになるのはいいかもしれないですね。
でもいくら変わろうとしても、勢いでいってしまうと危険よ。
過去の自分が一気に変化することは難しいから、自分が変わりたいと感じたときに、
次の自分へと少しずつ努力していくことが大切な心構えだと思います。
日々のイメージトレーニングと、努力、努力。

大きな決断は
他人に
意見を
求めないことも
大切

フィーリングを大事に

決断は直感が大切です。
迷いながら進むときは、無理に理由をつけていて、
自分の欲が出てしまっているときだから、最高の決断ではないことが多いの。
だから私は人生最大の決断のときこそ、自分の直感を信じ、今だと思った瞬間にやる。
大きい決断こそ、なるべく人に相談しないようにしているわ。
今悩んでいる自分の状況を説明しても、他人の受け取り方で変わってくるから、
そこを他人に理解してもらうことは、とても難しいことです。
自分が直感でここだと感じたことは、ほとんどが正解。
「相談するようなものはチャンスですらない」と、私は思うから、
大きな分岐点やチャンスがやってきたときこそ、
フィーリングを大事に。

「心の痛み」の
感性が
なければ
今の私は
いなかった

この痛みがエネルギーになったから

私はかつて「嬉しい」という感情を表現するのが苦手でした。

それは幼い頃から人に優しくされる経験が少なかったから。

小学生の頃、私が手をつけた食べ物に対して、

「気持ち悪いおかまが手をつけたものだ」と罵《のの》られたことがあります。

それが私の中でトラウマになってしまい、当時は友達に対して、

「一口食べさせて」ということを自分からは言えないほどの性格になってしまいました。

また、スポーツが不得意だった私は、団体競技で足を引っ張ることが多く、
人と何かを一緒にやることが怖くなりました。

だからこそ私は、大人になって、その嫌な感覚を払拭したかったのだと思うのです。

その心の痛みが少しずつ人生の成功へのエネルギーに変わっていったと感じています。

もう二度とあの頃には戻りたくないという感覚。

今、私がたくさんの方々に、メッセージを伝えることができるのは、
多くの心の痛みがあったからだと思います。

痛みに、愛を込めて。

「やめグセ」はダメ

自分の決めたことを貫く大切さ

私は小学校の頃に空手を始めましたが、
それを1年足らずでやめてしまったことが、悔やまれてなりません。
やめた理由としては、1時間もバスに乗って道場へ行くのがつらかったことなど、
様々にあったように思います。
初めはやめてよかったと思ったけれど、
中学校、高校へと進むにつれて後悔に変わっていったのです。
学生時代は周りから、女みたいとか弱そうとか言われ続けていたため、あの頃空手を続けて、
「きちんと自分を守る術を作っておけばよかった」と何度も後悔しました。
私にとって空手は人に対しての武器ではなく、
自分を守る盾として、必要な存在だったと感じたのです。
このままでは後悔ばかりの人生になるから「やめグセ」は早いうちに取った方がいいと思い、
私の人生では自分の決めたことを途中で投げ出さないことにしました。
本当に辛いとき断念するのは仕方のないこと。
でもやめることが繰り返しになるのはダメ。「やめグセ」はなくしていきましょう。

将来を
思い描かないと
イタズラに
時間だけが
流れていく

進んでいく道がわかって始めて、人生が動き出した

中学の頃、生徒全員が3枚刈りの坊主にしなくてはいけませんでした。

時代に逆らえない私にとっては、鏡を見るのも嫌な3年間。

「心で想っていることと全く違う道を歩んでいってしまっている。もうどうにもならない」

そういう焦りや怖さがありました。

やらされていることと自分の心は正反対で、
そんな反発心から勉強をしてこなかった私は全ての物事の意味も知ろうとしなかったわ。

全てが未知の状態で、あまりにも私は抗うことを知らなさすぎた。

私だけの感覚で生きてきてしまった。

だけど「美容の世界に行きたい」と思うようになり、
進んでいく道がわかって初めて、人生が動き出したの。

男らしくある必要はない。

誰かに笑われても、私の道を歩めばいい。

将来を思い描いて、初めて気づいたことでした。

自分の人生は
自分で決める

他人からどう言われようとも

周りの大人が言う、いい高校、大学、大企業に入って何歳で結婚して、
というのが私には向いていないと幼心に思っていました。

その向いていない人生の選択を押し付けようとする大人がすごく嫌だった。

なんで決められた枠の中にはめようとするのだろうって。

その枠に入らないためには自分の生きてゆく道を早く決めることが大切だと気づきました。

会社に行って男らしく働くのは、私には向いていないから、
私に水が合うところはどこだろうと考え抜いたの。

それが美容室でした。

当時は美容室で働く男の人は、女性っぽい中性的な人が多かった印象でした。

だから、そこでなら働けるのじゃないかと思った。

他人からどう言われようと自分に水が合うと思った場所は、確かだと思う。

他人に主導権を渡さずに、自分の人生は自分で決めること。

1ミリ前に
進めば大丈夫

第2章

人付き合いをラクにするための言葉

「無理なことは
無理」と
相手に伝えて
いく勇気

人間関係は「距離感」のバランスが大事

人間関係をうまくやっていくためには「距離感」が大切だと思います。
距離感をとるというのは、「無理なことは無理」と相手に伝えていく勇気のことです。
一緒にいて、苦しくなる人に無理に合わせようとしないこと。
相手に申し訳ないと思って価値観の合わないところにとどまっていると、
いつか、よくないマウンティングが必ず始まってしまいます。
人それぞれの常識の違い、責任の違い、感覚の違いがあるから、
人生を幸せに生きるためには無理しすぎず、プライベートでは特に、
価値観が合う人たちと共に生きることも必要ではないでしょうか。
人間関係は程よい距離感、距離感。

感情が高まったときに「正義感」を出しすぎない

感情の高まりをフラットにする作業が必要

私の人生で「これ、やらなきゃよかった」と思うのは、
自分の感情が高まったまま、相手に正義感を振りかざしてしまったときです。
自分の想いが強くなりすぎて、勢いで言ってしまうことがあるのだけど、
一生懸命説き伏せれば相手が動いてくれるものではないのよね。
感情の高まりのままで伝えると、逆に相手が不愉快になることが大半です。
だから、自分の感情の高まりを一旦フラットにする作業が必要。
想いが強くなったときに、一瞬でも間を置いて、
「落ち着け」と心の中の自分に言い聞かすこと。
感情が高まったままでは、伝わるものも伝わらなくなると思うから、
気持ちをフラットにする意識を持ちましょう。

嘘をついたら
1分1秒
早く正確な
真実に
戻すこと

自分が苦しくなる前に

人はみな、一度や二度は嘘をついたことがあると思います。
でもこれが常習化すると信用を失いますし、
苦し紛れの嘘をついたときは、自分自身が罪悪感で苦しんでしまいますね。
そして、その嘘は、自分に返ってくるものです。
だから嘘をついてしまったときは、すぐに「ごめんごめん、やっちゃった」。
そうして、すぐに謝ることをどこか頭の中に置いておくといいと思います。
もちろん立場によって、人それぞれの対処の仕方があるけどね。
時間が経てば経つほど、自分がどんどん苦しくなってしまうから、
1分1秒でも早く真実に戻していくことがまず大切だと思うのです。

褒め上手は世渡り上手

私の人生には甘えることが足りなかった

私の人生で足りなかったことは、先輩たちにうまく甘えることでした。
先輩たちに対して、「私の方が上手よ」という驕《おご》りの期間が長かったの。
35歳くらいまではそうだったと思う。
それは自分の自信のなさや嫉妬心がそうさせたのだと感じています。
でも、先輩たちに反発して得るものなんて何もなかった。
それよりも重要なのは先人の素晴らしいところを、素直な気持ちで称《たた》えることでした。
褒めると相手が優勢になるのじゃないかと思うけど、違うのよね。
相手のいいところに目を向けているから、相手からも可愛がられていくと思うの。
否定されて嬉しい人は一人もいないから。
私は、褒めることが上手な人が、人生うまくいっていると感じます。
どこかいいところを褒めるということは、物事の秘訣なのかもしれませんね。

笑顔は魔法

笑顔でいないと損をする

人は苦しいことがあると、苦しいというシワが刻まれていきます。

そうして苦しい顔になると、まるで運の神様が「これは大変だ」と思って逃げていくように、運が寄ってこなくなると思うのです。

だけど、苦しいときも表情を楽にして笑顔でいると、運の神様が錯覚して降りてきてくれると思っています。

私はバラエティ番組に出させていただいているときは、心底笑わせてもらっているから、意識しなくても笑顔になれて体調も良くなる。

でも本業の美容家をやっているときはストイックになりすぎてしまって、顔がこわばってしまうこともあるからなるべく気をつけようと思っています。

特に人前にいるときは、笑顔でいないと損をしてしまうから。

運を失ってしまわないように、笑顔でいること。

日々の生活で大事にしたいことです。

比較しては
ダメダメ

隣の芝生はよく見えるもの

人生が行き詰まったとき。
人は必ず、自分の身近な人たちや環境などを比較したくなるものです。
だけどよく見えるものほど、その中に入っていくと、
意外や意外、今の自分の環境より、もっと大変なこともあると思うの。
どんなに幸せそうに見える環境でも、思い通りにいかないことは必ずあるから。
だからこそ、今ある自分の幸せをしっかりと噛み締めることが大事です。
もう1つ大切なのは、今いる場所と「相性」が合うのであれば、
それは素晴らしい環境だということを、忘れないでほしい。
手放してしまうと、もう同じ場所には戻れないから。
人生は比較するものではない。
それぞれの良さがあるから。

親の愛は無償の愛

相手に見返りを求めすぎると自分が苦しくなる

親の愛は無償の愛だとつくづく思います。
子に愛情を注ぐときに親は見返りを求めません。
だから「本当の優しさ」というのは、親だからこそ表現できるものであって、
親と同じだけの愛情を他人に求めてもうまくいかないものだと思うのです。
相手に期待して、見返りを求めた結果、
人間関係のトラブルが発生したりするものですね。
人は「ここまで優しくしたのに…」「こんなにやってあげたのに…」
と自分本位になりがちで、そこからマイナスの感情が生まれてきます。
恋愛だって、友情だって、自分本位になったときに、
段々と綻《ほころ》びが見えてきてしまうもの。
まずは、「人は自分のことで精一杯」だと気づくことが重要なのだと思います。
その上で、見返りのない関係を築ければ素晴らしいことですね。
もしも、あなたが見返りを求めずに相手へ尽くすことができれば、
それは本当の愛であり、優しさなのだと思うから、その気持ちは大切に。

「ひと言の手間」を惜しまない

相手を困らせないように

ひと言足りないことで起きる心労ってたくさんあると思います。

「ごめんなさい」、「ありがとう」もそうですね。

あのとき、あの言葉さえ言っておけばよかったということはないかしら。

例えば、自分が上司だった場合。

部下に、「はい、これスケジュール」とポンと渡すことと、

「はい、これスケジュールです。わからないことがあったら言ってね?」と言うのでは、
部下の感じ方も全く変わりますね。

相手が困らないように、ひと手間を惜しまないこと。

それと基本的に、相手を信用しすぎてはいけません。

誰だって間違いはあると思っておくことが重要です。

最終確認はメールだけではなく電話が必要なときもあります。

ひと言の手間を大事に。

感謝を前のめりに伝える

思っているだけでは伝わらないから

想っているだけじゃ相手に伝わらないから、感謝を前のめりに表現したいと私は思うの。

「相手が喜ぶことってなんだろう」ということを考えて、それを実際に表現する癖をつけることが大事ですね。

自分ができる小さなことで、なんでもいいの。

例えば私の場合は、毎日、事務所に来てくれる配達の方に、
夏は冷えたお水のボトルをお渡しするようにしています。

暑いときに生ぬるい水をあげても仕方がない。

だから、同じように出すなら、冷蔵庫で冷えたお水を差し上げたほうが、
喜んでもらえるのじゃないかと思っています。

今は人にそんなにおせっかいする時代じゃないって言う人もいるし、
やりすぎだとかそれは違うんじゃないという意見も、それはそれで聞くようになりました。

私の想いが相手への負担になっていたらそれは考え直します。

でも相手の立場にたって考えた先の感謝はきちんと伝わると感じています。

感謝は素直に伝えていく。それはこれからも変わりません。

感謝、感謝。

「ありがとう」の意味が変わる瞬間

マイナスの「ありがとう」もある

感謝の気持ちを表す「ありがとう」の言葉は魔法のよう。
それを言われて、不愉快な気持ちになる人はいません。
ただし、この言葉は本当に感謝の気持ちを込めて
表現しなければ、悪さをする言葉だと思います。
感謝の意味は、ありがたいと感じて、礼を述べること。
だから感謝をしていないのに「ありがとう」と言わないこと。
気持ちのこもっていない「ありがとう」は不愉快にさせてしまう。
同じ言葉でも、別の表現になってしまうから、
何事も言葉に魂がこもっているということがすごく重要ね。
この人のことが好きって感情があると、言葉から滲み出てくるものです。
でも逆に、上面だと響かない。
マイナスの「ありがとう」だってあるから言葉を適当に使わないこと。
そういう感情があることを、多くの先人たちから教えてもらいました。
だからこそ、私は気持ちを込めて「ありがとう」と伝えていきたいと思っています。
魂が入っていないと、ダメダメ。

茨《いばら》の道は意外にも楽

あたふたしないこと

口うるさい上司ばかりで辛い。
どうしてこんなに苦しい状況なのだろうと感じたとき、
「茨の道は意外にも楽」という言葉を、思い出してほしいのです。
ある時期から、私はこう解釈するようになりました。
「茨の道というのは、入ってしまったときに上下左右にあるトゲの距離を考えて、
ゆっくり進んでいくことができれば、上空からも地上からも外敵が入ってこられない。
むしろ、トゲが自分を守ってくれる場所になる」と。
自分が置かれている場所の中での常識に合わなかったから、
周りの感情が自分の方に刺さってくるということだと思うのです。
その場の常識を知った上で、トゲを見ながら、ゆっくり進むこと。
茨の道は、あたふたすればするほど、トゲに当たるものだから。
茨の道もずっとは続かない。
ゆっくり、ゆっくり。

協調性の大切さ

自分の意見を主張するときとしないとき

私は20代の頃に要領がとても悪く、自己主張も強かったから、
上司や同僚ともうまくいかない場面が多かった。
そんな中で、上司とうまくいっている先輩は
「主張と協調性のバランス」がしっかりしていることに気づいたのです。
バランスというのは、自分が意見を主張しなければならないときもあるから、
そのぶん、普段はしっかりと協調性を持って、礼儀正しくしているということ。
だからこそ、普段は誰よりも、明るく礼儀を尽くしている人が意見を言ったときに、
その言葉はプロとして2倍も3倍にもなる。
普段は誰よりも礼儀を重んじているからこそ、
「さすがだな」「プロだな」という感覚が周りに伝わっていくのだと思います。
協調性も大切に。

ジェネレーションギャップって魔球？

違う世代のことも知らなきゃもったいない

20代以下と50代以降では、時代の移り変わりとともに、
多くのジェネレーションギャップが生まれていると感じています。
だからこそ、自分の知らない世代の思想をお互いに認め合えば、
素晴らしいものがたくさん生まれてくるのではないかと考えるようになりました。
年齢を重ねた人たちは、これから時代を背負っていく人の感覚をより知っていくこと。
10代、20代のこれからの子は、あえて昔の価値観を知ること。
それによって新しい発想を生み出せる気がするのです。
カルチャーショックなほどのジェネレーションギャップの大きさは、
自分には持っていない感覚だから。
お互いに認め合うことで、より素敵な人生になっていくと思うの。
私ももっと、知りたい、知りたい。

真逆は宝

毛嫌いしないのも重要

人生には、よくもわるくもあまりにも違うものは、
取り入れていったほうがプラスになることもあると感じています。
真逆の性格は自分にはないものだから、
自分にとっての弱点を補うこともあるのです。
あまりにも違いすぎる真逆の相手は、
意外にもリスペクトする立場になる瞬間だってあります。
素直に、毛嫌いせずに真逆を受け入れるのも大切ね。

イエスマンも大切

人は否定され続けると自信を失う

人はあまりにも周りから注意され続けていくと、
小さくなっていき、自分のことすら嫌になっていくものだと思います。
そんな中で、自分の周りで褒めてくれる人がどのくらいいるのか、
自分のことを注意してくれる人がどのくらいいるのか。
これが人生において、とても重要です。
この割合は年齢によっても変わってくるとは思いますが、
歳を重ねるにつれて褒めてくれる人の割合が多くなっていくことが大切ですね。
歳を重ねても自信を保つために必要なことだから、
ある意味イエスマンが多くてもいいと思うのです。
今までやり遂げてきた自信を失わないようにするために。
褒めて、褒めて。
褒められることは、宝だから。

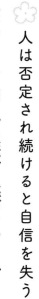

愚痴と
ガス抜きは
違う

話す相手を間違えない

20代の頃は愚痴っぽい人間でした。

でもあるとき、いくら愚痴っても何も物事が前に進まないから、
なるべくやめようと思ったのです。

愚痴を聞いて嬉しい人は誰もいないから、それが続いていくと何もいいことが起きない。

でも、どこかでガス抜きをすることは少し必要だと思います。

ただしガス抜きするなら、無償の愛で受け止めてくれる家族やパートナーにとどめるのよ。

間違っても同じ会社、同じ業種の人に愚痴を言わないこと。

それが、大事だなといつも思うんです。

いつの間にか相手に愚痴は漏れてしまうものです。

愚痴とガス抜きは違いますから。

間違えない、間違えない。

無理して生きない

自分らしく生きることの意味

20代の頃に、今の自分の生き方でいいのかなと感じるようになりました。
自分の生き方をカミングアウトできず、
無理して生きてきたこれまでの私の人間関係は幻だったからです。
だからそれに気づいてから、
私は少しずつ、「本当の自分」を見てもらいたいなと思うようになりました。
自分らしく歩んだ結果、別れていく人間関係は、遅かれ早かれ崩れていくもの。
ただし、なんでもかんでもカミングアウトすれば幸せになれるということではなくて、
これも、その人を取り巻く環境によってタイミングがある気がします。
だからみんな気をつけてね。
自分らしく生きることとは大切だけど、カミングアウトはタイミングを見極めて。
そうすると、自分らしく素直に、楽に生きていけると思うから。

もう一人の
自分を肩に
乗せて

冷静に冷静に、俯瞰《ふかん》する

人はどんなに気をつけても、ひいき目で自分を理解しようとするものだと思います。
だから私は50代の頃から、もう1人の自分を肩の上のほうに置くようにして、
俯瞰するよう心がけています。
この生き方というのは、ときにとても苦しくなる瞬間があります。
だけど、年齢を重ねれば重ねるほど、人は注意してくれなくなるものだと思うのです。
自分のことを冷静に見ることの大切さ。
俯瞰で、俯瞰で。

時代から学ぶ

令和の時代であらためて「優しさ」が重要になった

昭和は「夢と希望」が大切な時代でした。
高度成長期やスポ根という言葉があったように、頑張らなきゃいけなかった時代です。
だから私も歯を食いしばって生きろと言われてきた。
昭和から、平成に移ったときに、時代は「頑張る」から、
「ゆとり」の感性を大事にする時代になっていきました。
そして多くの人にゆとりが浸透し始めたときに、
「本音」が求められるようになったと感じます。
令和に移ったとき、特にコロナ禍が大きく時代を変えました。
みんながコロナ禍で苦しくなったとき、本音で体当たりされることが辛くなり、
そこに「優しさ」というものが今まで以上に重要になってきたのではないでしょうか。
どの時代も人は、優しさと嘘のない安心感を求めていくのだろうとつくづく感じます。
嘘のない綺麗な「優しい時代」になっていくことを願うばかりです。

礼儀を大切に

第3章

信頼できる人になっていくための言葉

結局、正直は強い

信頼への近道だから

「正直者がバカを見る」

誰もが、一度や二度は感じたことがあるのではないでしょうか。
もっともらしい嘘をつき、その場その場で上手くやっている人が近くにいたら、
「ああ、正直で損をした」とがっかりするものですね。
私も若い頃は、どちらかというと、正直すぎてバカをみる場面はたくさんありました。
だけど、最終的に勝つのは、「正直の積み重ね」だと思うのです。
その場その場で合わせることのできる虚言はいつかボロが出てしまい、
本当のことを言ったときでさえも、やがて嘘だと勘違いされる。
昔から「オオカミ少年」という物語があるように、真実を伝えても、
虚言が重なっていると、大切なときに本当も嘘もわからなくなってしまい、
人生の取り返しがつかないところに行ってしまうのです。
だから、私はいつも正直にいることが大切だと思います。
嘘の重なりは、信頼を失い、全てが嘘になってしまう。
まぼろし〜、まぼろし〜。

この人は信頼できると感じる3つのこと

私なりの信頼感のジャッジポイント

自分が日々通っているお店や、ひいきにしているお店というのは、
担当者やお店に対して「信頼感」があるものではないでしょうか。
お店に対する信頼の度合いをどういうところでジャッジしているのか、
私なりに再確認したら3つありました。
1つ目は、お願いしたことに対して正確な受け答えをしてくれる安心感があること。
2つ目は、伝えた期日や内容を間違いなく理解してくれるスピードがあること。
同じことを何回も伝えなきゃいけなくなると、
これは心とエネルギーの負担になってしまうから。
3つ目は、何か問題が起きたときに、品格が感じられる真摯な対応。
この3つが揃っている人が、私は一流であり、信頼できる人だと思うのです。
信頼のために必要な、3つの条件、3つの条件。

ダメより「好き」をブラッシュアップ

苦手はすぐに直らないから

私は、19歳のときに、横浜の大きな高級美容室に入社しました。
そのときに「こんなバカは初めて」と言われるくらいミスを重ねて、毎日が涙の連続でした。
だけど今思うと、そこまで私に指導をしてくれたことが、
今日の私を作り上げたのだと今は本当に感謝しています。
当時その美容室は、男は男らしく、女は女らしく、がモットーでした。
私は、男は男らしくと言われてもそういうことがとにかく苦手だったので、
その分、接客に関しては女性らしい細やかさや気遣いを前面に打ち出していきました。
そして、カットが苦手だった私は、好きだったメイクとヘアセットを武器に、
自分の得意分野でお客様に受け入れてもらえるように努力していったのです。
好きなものは自分の中で早くカタチになっていくものだと思うので、
好きを伸ばしながら同時進行で、ダメのレッテルを貼られる前に
苦手を平均点ぐらいに近づけていく姿勢も大切だと考えています。
「好きこそ物の上手なれ」は、決して苦手を諦めることではないと思うから。

がんばれば
がんばるほど、
ヘタに
なっていく

都合の良い自己流の解釈はダメ

私は10代で美容室に住み込みで働いているときに、

「物事には意味がある」ということを、随分と教わりました。

基本に沿った練習をしたのに、自分がそれをクリアできなかったとき、
少しでもやりやすいように「ダメな自己流」に変えていく瞬間がたびたびありました。

それがやがて、やってもやっても正しいカタチにならない感覚を生み出していったのです。

習ったことをその時々で、自己流にすればするほど、クセが出てしまい、
いつまで経っても結果に結びつかなくなる。

そういうことを実感させられたのが、美容師の修業時代でした。

忠実に繰り返していけば、必ず正確にスピードアップするから。

基礎に忠実に、忠実に。

「情熱」は
人を動かす

本気を感じれば人は集まるから

桂由美《かつらゆみ》先生とテレビ番組で対談させていただいたとき、
「情熱は人を動かす」という言葉を聞き、鳥肌が立ったのを憶えています。
人生は、まさにその通りだなと思ったのです。

例えば何かを始めるときに、
人が手助けをしてくれるときもあれば、手助けしてもらえないときもありますね。
1つのものを形にしていくとき、「この人の意気込みはカタチになる」と感じさせるほど、
素晴らしい情熱を感じれば、人は集まってくる。
だけどそのパワーが少なく、「カタチにならない」と思われたら、
誰一人、力を貸してくれる人が現れません。

1つのものに対して溢れるほどの情熱を秘めているというのは、何物にも代え難い宝。
「夢を夢で終わらせない」素晴らしい魔法のような力ですね。

最初のうちは質より量、最終的には量より質

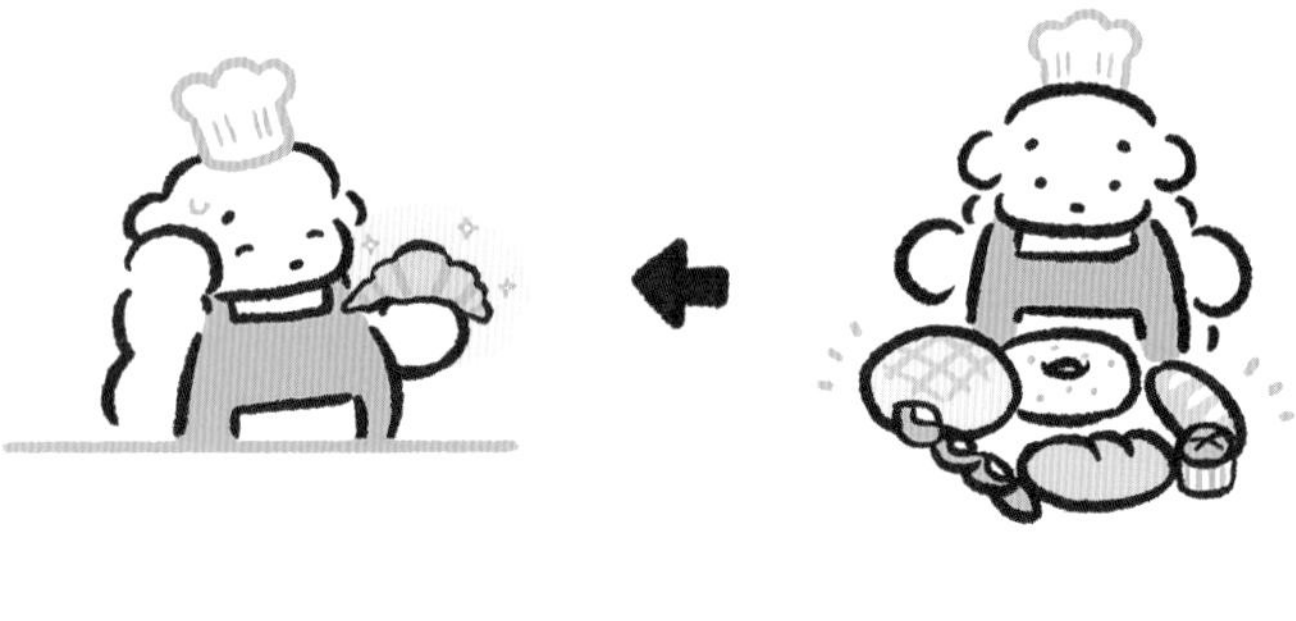

「中身の濃さ」を大事に

古来、羊というのは富の象徴でした。
羊の数が多ければ一見富を持っていると思いがちになるけど、
でも一番大切なのは、数少なくてもいかに価値のある羊を持っているかです。
この教訓からわかることは、
最初のうちは質より量を大切にして、目利きの力を養うということ。
そして、ある程度の力を得たら、量よりも質の良いものを選んでいくこと。
例えば、着る服も歳を重ねたときに、数が少なくても質の良いものを着ていた方が、
素敵に見えるのと同じことだと思います。
友達だってそうです。
友達が多いといっても、本当の意味での友達が1人いる方が私は素敵だと思います。
この言葉は、表現の使い方は違えど、
全てに関して「中身の濃さが重要」だということの例だと思うのです。

成功とは
風のように
通り抜けて
いくもの

成功には2種類ある

私は成功には2種類あると思います。
1つは、実力で勝ちとった成功。
積み重ねた成功が本物の成功で、
これがいわゆる「ブランドや老舗」ということではないでしょうか。
長い年月をかけて、積み重なったものだけが、
不動の地位にいるから、この名前が使われるのだと思います。
もう1つは時代の流れに偶然乗っていった成功。
この時代の流れに一致して、勝ちとった成功のことを「流行」というのだと思います。
流行とは流れゆくもので、まさに風のように通り抜けていくもの。
この両者を見てもわかるように、流行という名の成功をしたとしても、
何度も何度も人の記憶の中に重ならないと、ブランドや老舗と言われるような、
真の成功にはならないのではないでしょうか。
成功はあっという間に消えていくモノ。
だからこそ、積み重ねないといけない。
重ねる、重ねる。

真の唯一無二

天狗になってはいけない

唯一無二とは、自分を愛し、人に愛されるようになること。
力がつけばつくほど、謙虚さを持ち続けることが、私は愛される秘訣だと思うから、
決して天狗になってはいけないと感じます。
唯一無二と天狗は紙一重。
人の持っていないものを持っていると、大事にされて自分の意見も通る。
だけどこればかりに自信を持つと、人は去っていくと思うのです。
だから順調なときこそ謙虚に正しく生きて、
力をつけるほど、頭を垂れる稲穂のように生きていくことが人生で大切ですね。
愛を込めて。

大人になって
重要なのは、
復習ではなく
予習

反省が染み込まないように

大人になったら、復習よりも「予習」が特に大事になってきます。

予習さえしていれば、避けられた失敗が私の人生でもたくさんありました。

わからないことによって起こってしまった失敗は、反省をしたところで取り戻せない。

お仕事を頂いた際に、内容を少しでも勉強しておけば、深い話ができる場面もあります。

不意に話を振られても、知らないことは面白く話せません。

だから、次のことにつまずかないためにも、予習の方が大事だと思うのです。

反省が染み込んでいくとマイナス思考になってしまうから、
逆に復習はそこまで深く考えなくてもいいと思うの。

重要なのは、予習、予習。

チャンスは
誰にだって
平等にある

人生の助けになった言葉

20代の頃、ヘアメイクの現場で素晴らしい言葉をいただきました。

「チャンスは誰にだって平等にある」

という言葉。それと、

「チャンスとは一日に一本、もしくは一週間に一本あるかどうかわからないバスを待っているようなもの。だから、バスが来たときに乗っていいのかどうか見極める力を持つこと。バスに乗ったのなら、次はそのバスの行き先に見合う実力が備わっているかどうかが重要」

ということを教えていただいたのです。

チャンスはみんな同様にあるからこそ、
目標に向かって正確な日々の努力を重ねるのが大切なのだ、
ということをしみじみと感じた瞬間でした。

この言葉は、私の人生の助けになっています。

感謝、ＩＫＫＯ。

20代から安定を求める必要はない

今やれることをやってみる

安定した仕事か、好きな仕事かで悩んでいる若い方の声をよく聞きますが、
私は若い頃に今しかやれない好きなことをやっていくことこそが、
人生を積み上げていくのだと思っています。
若い頃は親も周りも元気だから、一番自分の思うように生きられるとき。
そのときに安定を求めようとするよりは、
何かに挑戦していくことが、やがて自分の人生を大きく開花させるのではないでしょうか。
20代は条件的に今やりたいことをやりやすい年代だから、
お金を貯めることよりも好きなことに経験を積んでいく方が、
将来的に豊かな人生を送れると思います。
好きなことは集中できるから、必ず宝となる。
そしてそれが「唯一無二」の存在への近道になっていきます。
20代は、好きな道に進んでいくこと。
お金じゃない、お金じゃない。

会社選びの基準は体質に合うかどうか

体質に合わないと苦しいことばかり

就職や転職の際、会社選びで一番大事なのは、自分の体質に合うかどうかです。
面接官は会社の顔だから、しっかりと面接官を見てほしいの。
雰囲気や態度を見極めて、違うなと思ったらやめる勇気も必要よ。

体質に合わないところで働いても苦しいことばかり。

自分が成長できるかどうかは、どの上司につくか、どういう同僚と一緒に働くか、ということがとても大切ね。

正直にいえば、どんな人と働くのかは運まかせの部分が大きいこともある。
でも面接官や会社の人の顔つきや喋り方を見ていれば雰囲気は感じてくるもの。
職場を見たり、少しでも働いてみる機会があれば、感じとって。

他人からいい会社だとか悪い会社だとか言われても、そこだけを基準にするのはダメ。
会社の雰囲気を自分の目で見て、合うかどうか見極めることが大事よ。

相手がいかに
喜んで
くれるかが
商売

お客様に寄り添うこと

私は商売で一番大切なことは、
「お客様が喜んでくれたかどうか」だけだと思います。
そのために今の時代に必要なのは、星の数ほどある商品の中で、
この商品がお客様にとって絶対に大切だと思ってもらうこと。
そして「よそとの違いが、どれだけあるのか」ということだと思います。
これは商品の価値だけではなく、接客の品格だったり、
その商品を売るお店や表現の仕方が、いかに胸を打つかということも含まれます。
いつもお客様に寄り添い、どうすれば喜ばれるか考え抜くこと。
それが商売繁盛への道。
寄り添う、寄り添う。

人生の柱は何本ある？

環境によって柱の本数は変わる

昔から「人生の3本柱」という言葉がありますが、
私が近年感じることは、柱が3本あればいいということではなく、
その環境に合わせた柱の数が大事だということです。
例えば、四角形を支える柱は4本、三角形だったら3本、
円形を支える柱は12本ほど必要ですよね。
カタチによって支える本数は違うわけですから、
一概に、多ければいいということではないと思います。
「今、人生の柱は何本あるだろう」と自分に問いかけてみて、
足りないと思うなら、いつでもカタチを変えられるように、
次の柱を立てるための準備しておくことは重要ですね。
自分の環境に合わせた人生の柱を立てていきましょう。

リーダーにいちばん大切なこと

日々の信用の積み重ね

リーダーに大切なことは、「誠実さ」だと思います。
日々の業務の中でトラブルが起きたときに、自分勝手な解決策ではなく、
相手を困らせない対応ができるリーダーには人が集まってくると思うのです。
困っている人を見たときに、見てみぬふりをしないこと。
必ず立ち止まって、起きたトラブルをその場で解決していくことで、
徐々に信用されていくのです。
「この人についていけばプラスになっていく」と安心感を与えることが重要ですね。
素晴らしい実績があっても、誠実さがないと信用は得られません。
だから相手に迷惑をかけないようにスピード感を持って、考えること。
相手が困らないように、相手の立場に立って対応の仕方を考えること。
そこに「誠実さ」というものがあらわれてきます。

リーダーは「適材適所」の見極めを正確に

ついていけなくなってしまう人がいるから

会社のトップが気をつけなければいけないことは、
「適材適所の配置決め」が正しく行われているかを常時確認することです。
会社として、商品やサービスなどのクオリティを高めていこうとするときには、
その過程でついていけなくなってしまう人が必ず出てきます。
それは、皆それぞれに得意なこともあれば、苦手なこともあるからです。
得意は伸びるけれども、苦手は影を潜めるものだから、
トップやリーダーがそこを見極めて、適材適所にしっかり配置すること。
それをできる会社は、これから伸びていくのだと思います。
得意を伸ばす、伸ばす。

好き だからこそ 生まれる 集中力

「好き」がないと集中力は続かない

私は年齢・ジャンルを問わずに、「好きなこと」をしたほうがいいと思っています。
何をするにしても、長く続けていれば、楽しいことも、嫌なこともあります。
それでも好きなことに関しては、
人は何時間たったとしても、億劫じゃなく集中できると思うのです。
だけど、それが苦手なことだったら、集中力というのは長くは続かないはずです。
集中力の積み重ねがあってこそ物事は段々と上手くなっていくものだから、
「好き」があるのは重要ね。
だからこそ、「好きこそ物の上手なれ」という言葉が昔からあったのではないかしら。

一生懸命ではなく〝一所〟懸命に

ＩＫＯとして必要なこと

裏方のヘアメイクアップアーティストから表舞台に出させていただくようになって、
つくづく感じることは、「人は一人では生きていけない」ということです。

人生を振り返ってみると、エゴイスティックに頑張ってきたこともありました。

それが必要な時間もあったかもしれません。

でも歳を重ねたときに、1つの目標に向かって、
皆で何かを成し遂げたときの素晴らしさを感じるようになったのです。

輪をつくって、1つに集中して向かうことで、素晴らしいものが生まれることもあります。

だから私はＩＫＫＯという一人の「美容家・タレント」として生きていくときに、

「一つの所に向かって懸命」になってくれるスタッフが今何人いるのかを大事にしています。

周りがいるからこそＩＫＫＯが成立するから。

一つの所に集まる皆の想いが強くなればなるほど、いいものが生まれてくるから、
一所懸命、一所懸命。

軌道修正を積み重ねる

違和感の正体を明確にする

人生の軌道修正とは、
日々の生活の中で「違和感」が発生したとき、その原因を明確にすることだと思います。

例えば、いつも過ごしている家の中に何か違和感があるということは、
誰かが何かを動かしたという証拠。

その動かした原因はなんだったのかを考えると、そこには理由がある。

違和感を放っておくと、後々大変なことになってしまいます。

理由をはっきりさせる姿勢が、仕事や暮らし、全てに関して必要です。

「違和感を覚えたときに行動する」

その軌道修正の積み重ねが自分自身を守っていくことだから違和感を放っておかないこと。

早め早めに、解決しましょう。

お金には
生きるお金と
生きない
お金がある

プレゼント1つにもあらわれる

私はお金には、生きるお金と、生きないお金があると思っています。
例えば、お世話になっている方へのプレゼント1つをとってもわかります。
値段の高い安いではなくて、相手が欲しかったものをプレゼントでき、
「嬉しい」と喜んでもらえたらそれは生きたお金になります。
相手がプレゼントをもらっても、いらないと感じていたり、
もらうことが当たり前に思っていたら、それは生きないお金になります。
相手が「嬉しい」と思う感覚を、当たり前だと思わせないよう、
工夫していくことが大事だと思います。
相手に対するお金の使い道は、その都度、ブラッシュアップしていかないといけない。
感謝されて、喜んでいただいて初めて、相手の心に残るものになりますから。
感謝の気持ちが生まれたとき、
人は今の人間関係を大切にしようと思うのではないでしょうか。
相手にとって、当たり前にならないことが、大切、大切。

家に時計は置かない

肩肘張らない場所を作る

壁に「時計」があるのは好きではないので、私の家には置いていません。
時計が目に入ると、どうしても時間を気にして、気持ちが張り詰めてしまうからです。
家にいるときくらいは時間を気にしたくない。
仕事のときは自然に起きますし、
早朝のときは、スマホで目覚ましをセットしておけばいい。
家はいつでも肩肘張らない場所、
リラックスできる場所にしておきたいから。
家に時計は置かないの。

20代は
常識の違いを
知るとき
50代は
喪失感からの
脱却のとき

10年ごとに大事なことは変わっていく

20代は、常識の違いを知ること。
常識の違いが人それぞれあるから、考え方の異なる場所に足を踏み入れてみる。
そうして、いろんな常識を知れば、どんなことにも対応できるようになります。
30代は、責任の違いを知ること。
経験を積み、より「責任感」を持ってやっていくことが重要になってくる世代です。
40代は昨日より今日の私が本物になること。
40代では自分の発したことを着実に実現しないと認められなくなるから、
「有言実行」という言葉がより大切になります。
50代は、喪失感からの脱却。
50代では人との別れなど、今まで経験してこなかった「喪失感」が加速します。
これはこれから先に起きていくことに良い意味で慣れなさいということだから、
私は50代からまた新しい思い出を作っていけばいいと思うようになりました。
そうしたら、50代の人生が素晴らしいものに近づいてきたように感じています。
それぞれの年代で、大事なことは変わってきますね。

誠実に

第4章

歳を重ねるほど美しく生きていくための言葉

太っていようが
私は私

太った私を、認めさせる

50歳になった頃、ストレスで20キロほど太ってしまいました。
そうすると、「あれだけ綺麗だったＩＫＫＯさんがこんなに太ってダメじゃない」
と言う声もありました。
だけど、私は絶対に痩せないと思った。
太っていようが私は私だから。
私は今の私が好きだから。
太った私が定着するまで私は私をやり抜こうと決めたの。
自分が良いと思ったことを貫いたほうが、後々絶対に楽になると思ったのです。
太っていても綺麗にしていることが重要で、体型は美しさと関係ないと思います。
その代わり、どんなときの私も好きでいられるように、努力する。
自分のことを好きにならなければ人から好かれることはないと思うから。
年齢を重ねても目が輝いている自分を表現すれば、
たとえ年をとっていても仕事を頂けるのだと思います。
一番ダメなのは、歳だからって片付けること。
歳を重ねるほど、素敵に生きていくことが大事よね。

日々の感動が心を豊かにする

感動が美しい感性をつくる

「感動する回数が多いほど、人生は輝いていく」

私はそう感じています。
美味しいご飯をいただいたときに、美味しいと思うこと。
青空を見て、美しいと思うこと。
そんな些細な日常の感動を毎日どれだけ感じ取れるかで、
人生の彩りは増していきます。
目や耳、鼻など、五感を使って感じ取ったものから、
美しい感性が育っていくのではないでしょうか。
だから、芸術を見るときも生で見たほうがいいと思うの。
素晴らしいものを多く見ていくと、自分の中で美しさが醸成《じょうせい》されていくのですから。
たくさんのモノにアンテナを張って、心を豊かに。

品格も、真似から

品格は、後付けでも身につけられる

品格には2つあると私は思っています。
1つは生まれながらにあった品格。
もう1つは、生まれてから身につけられる品格です。
人によって、生まれた環境に差が出てしまうのはどうしようもないこと。
だから、後付けでもいいから、ゆっくりと品格を手に入れていけばいいと思うの。
決して裕福な家に生まれたわけではないけれど、
モナコ王妃にまでなったグレース・ケリーの生き方が私は好き。
いろんな困難があったと思うけど、生まれてから培ったいろんなものが、
品格として身についた素晴らしい姿に、私は随分と勇気づけられました。
品格というのは、所作、言動、心の美しさ、全てが反映しているもの。
私には、もともとそういう品格があったわけではない。
だからこそ、こうした素晴らしい女性たちの生き方をお手本にして生きてきたのです。
まだまだ、だけど。

休みをとる勇気

人生の思い出さがし

30歳で独立してから休みなく働き続けていた私は、
39歳のときに、勇気を出して4日間の休みを取ることを断腸の思いで決めました。
なぜなら経営者が休むということは、その間の売上が立たなくなり、
多くの弟子がいる私にとっては財政難になることを意味するほど重要な決断だったから。
私がいきたいと思ったのは幼少期の「夏休みのラジオ体操」の空気感が残っていた所。
以前、仕事で訪れたときに、そんな空気感を放っていたのが「セブ島」でした。
セブ島が教えてくれたことは、
人間に痛めつけられていないジャングルは、涙が出るほど私に優しく、
でこぼこ道にある木々は自然のままで心に馴染《なじ》んだということ。
一方で、「舗装」されて痛めつけられた木々は逆に私には優しくなかったということです。
目に映る景色が私の心を少しずつ、責任のなかったあの夏休みのラジオ体操の頃へと、
タイムスリップさせてくれました。
人は責任を問われると、責任のなかった頃に戻りたくなるのではないでしょうか。
私の心が穏やかに穏やかに、変わっていった4日間は、
人生の中で、大切な大切な休息となりました。

歳を重ねたら
「見ざる
言わざる
聞かざる」も
大切

体力温存するために

エネルギーがなくなり時代に遅れている感覚を世の中に印象付けられないように、
「歳を重ねても重宝がられる人」になるためにはどうすればいいかを、
50歳になった頃から随分と考えてきました。
私たち歳を重ねた人間は、
「いく通りもの経験を重ねてきた」という宝を忘れてはいけません。
そして、エネルギーをしっかりと使い分けていくことが重要です。
「何が大切で、何がどうでもいいことか」を見極めていくこと。
昔からある「見ざる言わざる聞かざる」という言葉の通り、
自分にとって必要でないことにはあまり介入せず、
シンプルに生きて体力を温存することが大事だと思います。
今どの部分に一番エネルギーを使うか、しっかりと配分を考えていくと、
歳を重ねることは、誰からも重宝がられる素敵なものとして、
輝いていくのではないでしょうか。
歳を取ったら、経験が宝、宝、宝。

若いうちは見栄、
歳を重ねたら
より本物に

少しオーバーなアピールが必要なときもある

若い頃は少し盛るくらいの発言でちょうどいいときもあるの。

なぜなら周りのみんなが実力よりも盛りたがるものだから。

真面目に考えすぎて、実力を等身大で言ってしまうと損をしてしまうこともある。

世の中は自分の実力以上に表現する瞬間もあるものです。

例えばヒールを履く、痩せて見える服を着る、綺麗にメイクをするなど、
これも日々の本当の自分から盛って幸せになっていく一つの努力ですね。

それを周りから褒められると、真に綺麗になりたいと思う良いきっかけになるから、
私は少しの見栄は必要だと思っています。

ただ、年齢が重なったときに、若い頃と同じような感覚で、
現実を盛っていくのは、かなり怖いことだと感じます。

それは歳を重ねるということは、「真の実力を幾つ重ねたか」が大事になってくるからです。

真の実力の積み重ねが多い人ほど、美しく輝けるものよ。

太陽
大好きだけど
日焼け止めは
絶対

男も女も数年後に大きな差になるから

自分に対して、ひと手間をかけなきゃいけないことは「紫外線対策」です。

日差しによる紫外線というのは、お肌が弱っているときや無防備なときに、大きなダメージを与えていく。

そうしてお肌を弱らせていくと硬くなっていき、いろんなトラブルにつながっていきます。

歳を取ったときも綺麗でいるために、日焼け止めは、美容に全く興味がない人でも男女共に絶対に必要なことです。

これも蓄積なの。

50歳や60歳になったときに大きな差になって出てきます。

些細なひと手間を怠っていると、どんどん老化していくし、これに気をつけている人はやっぱり老化が遅くなります。

気づいた今からすぐに実践してほしいですね。

目に映る景色を大切に

美しい景色作りのために、できることをしていく

私のお金の使い道のほとんどは「仕事に大切なもの」です。

例えば、美容に関連するものや衣装ですね。

美容家にとっては、日々見える景色を美意識高くし続けることが、とても大事だと思っています。

それがお客様から見える風景でもあるからです。

私のバックボーンを磨いてくれるモノなのか、この先の人生で長く愛用していけるモノなのか、そこをきちんと見極めています。

「ＩＫＫＯ」を作り上げているものにエネルギーを注ぐことが重要だから。

逆にそこに当てはまらないものには、一円たりとも出しません。

美しい景色作りのために、手は抜かない。

優しさを
与えてくれる
お家

家には「嫌」を持ち帰らない

家は、いろんなことがあっても自分らしくいられる場所です。

どんなに辛いことも、家に帰るまでには全て背中から捨てていき、
家の中では自分の大好きなものだけに囲まれて生きていくようにしています。

目に映る環境が私を育ててくれるから、家では絶対に嫌なものは目にしないようにして、
自分の好きな番組、映画、音楽、食べ物、仲間だけで満たすのです。

家までは知恵を絞る場所。

家の中は優しい私を作っていく場所。

そういう切り替えが大切ですね。

ゴミ箱は置かない

髪1本落ちていない家を目指して

自分の居場所を清潔に保っていくことは穏やかに過ごすために大切な心がけです。
私にとって、家は自分が一番安らぐ場所だから、
自分なりに居心地のいい空間にしておきたい。
特に私は美容のお仕事をしているので、
髪の毛が1本も落ちていない清潔な家をいつも目指そうと思っています。
私は、家にゴミ箱は一切置いてなくて、
料理のときは袋を置いておき、作り終える度、ゴミ捨て場に捨てにいっています。
必要以上にゴミやモノを増やさないことを目標にすると、
結果的に快適な生活になり、片付けも楽になります。
見える景色がいつも美しくあるために、必要なことです。

「モノを増やさない」シンプルに生きる

常に見通しのいい部屋

我が家で大切にしていることは、
モノを置きすぎず、シンプルに暮らすことです。
シンプルにしていくことで、気も流れ、掃除も楽になります。
部屋の循環も良くなり生活の質が向上していくと思うのです。
モノで溢れかえると、デッドスペースができてしまい、
その場所の生命力がどんどんとなくなっていくように感じます。
ただし、人によっては多くのモノが必要な場合もあると思うので、
そういうときはよく整理整頓しておくこと。
収納する場所は決めて、目が行き届くようにしておくことが大事だと思うのです。
常に見通しのいい部屋にしておくことは、生活を快適にするための秘訣ですね。

着るものにも
オンとオフを

衣装の魅力が当たり前にならないために

40代のとき、着るものも住む場所もすべて一流でなければいけないと思っていました。

だから、普段の服も、「ブランドもの」を着ていたのです。

だけどあるときに、このままいくとブランドボケしてしまうのではないか、
と頭をよぎったのです。

そう思って衣装以外の服は、ブランドものではないけれど、
当時の流行だったお洒落なジャージとピンヒールを身につけようと決めました。

そうすることによってオンとオフを明確に作っていったの。

50代になってからは、普段着る服は、5組までにとどめるようにしています。

すると、衣装を着たときの素晴らしさや美しさがより感じられ私を高めてくれるから。

メリハリというバランスは、とても大切なもの。

メリハリ、メリハリ。

ツキを呼び込む第1歩

ピンチをチャンスに変えるおまじない

人生の最大のピンチのとき、私が最初にやったことは書をしたためることでした。
具体的には「福」「笑門」「川の流れのように」という言葉だったように思います。
3つの言葉を書くことで、脳の中から離れていった大切な想いが呼び戻され、
自分が失っていたものを引っ張ってきてくれるように感じられるのです。
それがツキを呼び込む第1歩だと思います。
頭に苦しい想いが残っていると、悪いことが何度も再現されるから、
それが頭に焼き付いてしまう。
苦しいときは書いてリセット。
自分の気持ちを整えるためのおまじないみたいなものですね。
そうして頭の中のをスッキリとさせていくのです。

パワースポットは
人それぞれかも

世の中の「いい」が必ずしも自分にとっていいわけではない

パワースポットとはいい気を運んでくれる場所のことを言いますね。
ただし素晴らしい場所だったとしても、
「必ずしも」今の自分にとって、いい場所ではないときがあります。
自分にとってのいい場所とは、
その場所に行けば、心が浄化され、前向きになり、
自分をいい方向に導いてくれる太陽のような場所を言うのではないでしょうか。
パワースポットというものは、
必ずしもみんながいいと言っている場所ではなくて、自分なりに見つけるもの。
そしてパワースポットに限らず、
世の中でいいと言われているものほど、
その人なりのチェックをして取り入れていくことが私は重要だと思います。

頭の中の色は
何色？

色の力はすごい

私は、仕事の調子が悪いなっていうときは、頭の中の色を確認するようにしています。
最高潮のときはいつもショッキングピンク。
調子が下がっているときはすぐにくすみが出てきてグレーになってくる。
そういうふうに、人それぞれ成功カラーを持っているのではないでしょうか。
その色が鈍ったときが、運が下降しているときだから、
いつも頭の中の色をしっかり見つめながら生きていくことが大切だと思います。
そして身の回りやおうちの中に少しでも、自分が好きな色を置いておく。
そうすると元気をもらえるのです。
私はピンクを始めとしてビタミンカラーが好きだから、
バッグの中に1つ、家の中に1つは好きなカラーを絶対側に置いています。
シンプルだけど、見るものから変えていくこと。
そうすると自然と心のエネルギーがチャージされていくのです。

歴史は面白い

歴史から学ぶものがすべて

人々の思想の進化によって流れが変わって積もったものが歴史。
そして、歴史から学ぶものが人生のすべて。
時代の流れ、人々の気持ち、世代間のギャップなど。
それらを把握できるものが歴史の中にあるから、
私は今、少しずつでも、勉強するようにしています。
学校では、ただただ歴史を勉強しなさいというだけではなく、
「世界史や日本史は、なんのために勉強しなければいけないか?」
ということをもっとわかりやすく伝えてほしかった。
何が原因で世の中が変わり、その結果、何が起き、
またどう変わったかを知ることが大切だと感じています。
時代が変われど、私たちの人生の最大のお手本は歴史だと思うのです。

小さな幸せさがし

人間、時には辛いこともあるけれど

私が辛いと感じたときにすることは、「幸せへの逃避」。
それができていたから、どうにかここまでやってこられたのだと思います。
私の逃避というのは、大好きなところに身を寄せていることです。
ファンの皆様からの温かい声。
大好きな4匹のペットたち。
自分の家。
家は私の好きなものだけに囲まれているので、
まわりに守られているような気がして、とても落ち着く場所です。
また、私の子どもたち4匹の瞳、眠っているときの姿を見ると、
心が幸せオーラに変わっていく瞬間があります。
そして何よりも、ファンの方からの温かい言葉が、私の心の支えになってきました。
だから、ここまでやってこれた。
いつもいつも、愛をくれてありがとう。
皆様が、心置きなく寄り添えることを1つでも2つでも見つけられたなら、
それはとても素晴らしいことだと思います。

人生で削ってはいけないもの

シンプルに生きるのも大切だけれど

歳を重ねるほど、若い頃よりもシンプルに生きることは大切だけど、
心のないドライなお付き合いばかりをするのは危険ですね。
人と愛を持って接することで、また愛を受け取るものだから。
シンプルにコンパクトに生きると決めても、「愛」だけは忘れないこと。
愛というのは、男と女だけではなくて、人生の全てに関わるもの。
お互いにみんな気をつけようね。
愛のない人生なんて悲しいから、
愛を持って。

人生、いつも分かれ道

空想の道に進まないように

目標というのは1つの道だけど、
人は壁にぶつかり苦しくなると迷いが生じ、
自分の都合のいい道がどこかにないかと新たに探してしまうものです。
だけど、この迷いから生まれた道は「自分本位の近道」ではないでしょうか。
これは進んでいい道ではなく、空想の道かもしれません。
迷った方向に歩いていくとその先に道がないことに気づき、うろうろしている内に、
取り返しのつかないズレが生まれてしまう場合もあります。
だから自分の決めた道は貫いていくことが大切だと私は思います。
迷いから生まれた道は、いい結果を生まないことが多い。
人生は、いつも分かれ道。
自分の目標を再確認して、
空想の道に進まないように気をつけて。

環境が人を作る

おわりに

最後まで読んで下さった皆様に、心から感謝いたします。

私たちは一幕の舞台をみているように、
人の感情が目まぐるしく移り変わっていく世の中で人生を送っています。
そんな山の天気のような感情で溢れる社会では、
いかに「人間関係を前向きに」受け止めていくのかが重要なのだと思います。

人生がうまくいかないときには、

苦しいときや辛いときに頑張るのは難しい。
だから、1日1ミリでも前に進めば大丈夫。
少し後ろに下がっても、また1ミリ前に進めばいい。

この言葉を思い出して。

焦らず、ゆっくり、ゆっくり。
もしも立ち止まってしまったときには、
またこの本を開いてみてくださいね。
そしてこの本が、いつもバッグに忍ばせておきたくなるくらいの、
「心のお守り」になれば幸いです。

最後になりますが、編集を担当して下さった大野洋平さん、イラストを描いて下さった穂の湯先生、ご尽力いただいた関係者の皆様、
そして、読者の皆様に心より感謝申し上げます。

心こめて　ＩＫＫＯ

編集後記

ＩＫＫＯさんより、編集担当からのメッセージも伝えてほしいとのお言葉をいただき、若輩ながら筆を執らせていただきました。

この本の企画の始まりは、２０２０年10月でした。

先の見えない不安が渦巻く世の中に、優しく背中を押してくれる一冊が必要だと思い、常に前向きな姿勢を貫くＩＫＫＯさんに書籍の依頼をさせていただいたのです。

初めての打ち合わせでＩＫＫＯさんに言われたのは、

「若い感性で表現すれば、新たな方向性の本になるかもしれない。私の考え方は変わらないけれど、切り口を違うものにすれば素晴らしいものになる。これまでにない本にしましょう」ということでした。

60歳を迎える著者と30歳の編集者という世代が異なる２人だからこそできる一冊を目指して、邁進しました。

この数ヶ月間、ＩＫＫＯさんと数多くのやりとりを通して感じたのは、

「相手を喜ばせることに手抜きをしない」姿勢です。

心に余裕のない中で気軽に読んでいただけるのか。読者の皆様が明るい気持ちになれるイラストなのか。この時代に響く言葉なのか。そういった1つひとつの要素に納得がいくまで丁寧に時間をかけながら、お付き合いをしていったように思います。

分刻みのスケジュールの日々の中、腰を据えてこの本に向き合っていただいたことに大変感謝しています。

ＩＫＫＯさんがテレビに出演されるようになり20年近くの間、変わらずたくさんの方に愛される理由の1つは、ここにあるのではないかと感じました。

この本は、ＩＫＫＯさんが人生で大切にされてきた考え方を通して、読者の皆様の心が少しでも明るくなっていただけることを目指しました。

何か1つでも、背中を押してくれる言葉、助けになる言葉、元気になる言葉が見つかりましたら、編集者として望外の喜びです。

この本を読んで下さった皆様に、心からお礼申し上げます。

大和書房　編集部　大野

［著者］

IKKO

1962 年 1 月 20 日生まれ。
19 歳で横浜元町『髪結処サワイイ』に入社。
その後、ヘアメイクアップアーティストとして独立。

アトリエ IKKO を主宰し、女性誌をはじめ、テレビ、CM、舞台などのヘアメイクを通じ『女優メイク IKKO』を確立。

現在では、美容家・タレントとして活躍する傍ら、多くの美に対するプロデュース業にも注目が集まる。

2008 年女性誌マリクレール・ジャポン、初の人物賞として「プラネットミューズ賞」、2009 年韓国観光名誉広報大使 (韓国観光公社) に任命され、

「ソウル観光大賞」、2019 年から 3 年連続で「ベストフォーマルウェアアワード“和装部門” KIMONO　QUEEN」、2020 年@ COSME「BEAUTY PERSON OF THE YEAR2020」、その他多数受賞。

1ミリの優《やさ》しさ
IKKOの前《まえ》を向《む》いて生《い》きる言葉《ことば》
2021年12月28日　第1刷発行
2022年 1月25日　第2刷発行

著　者　IKKO《いっこう》
発行者　佐藤　靖
発行所　大和《だいわ》書房
東京都文京区関口1-33-4
電話　03-3203-4511

装幀　小川恵子（瀬戸内デザイン）
本文デザイン・DTP　荒井雅美（トモエキコウ）
イラスト　穂の湯
本文印刷　シナノ
カバー印刷　歩プロセス
製本所　ナショナル製本
編集担当　大野洋平

©2021 IKKO, Printed in Japan
ISBN978-4-479-78545-3
乱丁・落丁本はお取り替えいたします。
http://www.daiwashobo.co.jp